Melodías de la memoria

Óscar Fernández García

Aliarediciones

Corrección: Inés González Calo
Diseño de cubierta: Miguel Fernández Martínez-Lage.
Maquetación: Aliar Ediciones

Depósito Legal: GR 1214-2024
ISBN: 978-84-10374-56-0

Impreso en España

MIXTO
Papel | Apoyando la silvicultura responsable
FSC® C127630

Edita
ALIAR Ediciones
www.aliarediciones.es
info@aliarediciones.es

Melodías de la memoria

Óscar Fernández García

Estos versos fueron escritos mucho antes de nuestra pérdida,
de tu marcha, pero cada letra hoy llora tu ausencia.
Solo pueden publicarse en homenaje a tu memoria, a tu recuerdo.
Melodías que quieren cantar a tu sonrisa, a tus rizos rebeldes,
a tu llegada luminosa de esperanza cuando las noches eran muy oscuras.

A Aletxu.
A sus padres y a su hermano.

Prólogo

¡Oh, memoria, enemiga mortal de mi descanso!
Cervantes

Dice un amigo mío que cuando hablas ante un público, grande o pequeño, pasados cinco minutos nadie te escucha. En los prólogos pasa algo parecido: o no se leen o si son muy largos nadie los termina y mucho menos los retiene. A ver si soy capaz de no caer en esta trampa.

El poeta necesita de la soledad, del ensimismamiento, del aislamiento, para poder producir, para crear, para escribir. Y cuando crea y comparte aquello que ha creado, deja de ser dueño de su poesía para pasar a propiedad de quien la lee o la escucha, que la rescata, la hace realidad y luego la devuelve, de nuevo a la eternidad. Óscar me ha convencido de que la poesía exige su lectura en voz alta, solo así el poeta es capaz de darse cuenta de la resonancia que produce en su propia alma y en el alma de los otros. Yo confieso que me provoca mucha vergüenza leer mi poesía en voz alta, pero reconozco, gracias a Óscar, la importancia que tiene y que, pasado el rubor inicial, se me antoja necesaria e imprescindible: el poeta necesita conocer cómo resuena la melodía de su poesía en quien la recibe.

Óscar es amigo y maestro. Hablar y compartir con él siempre es un deleite que acaba demasiado pronto. Y cuando no podemos estar en presencia, basta coger este libro para rememorar esos encuentros vitales, sin los cuales mi vida sería peor.

Y en esto consiste la vida: en crecer y vivir para los otros, en los otros, para poder vivir en ti. Porque «no hay vida sin memoria / ni poema sin historia». Y cuando nos encontramos ayunos de aquello que queremos o añoramos aquello que vivimos, nos queda el recuerdo. Y no hay música más placentera que esas melodías de la memoria: en los recuerdos somos siempre felices, es obligatorio.

La poesía de Óscar tiene una melodía interna, un ritmo, que no es fácil encontrar. Tiene una capacidad asombrosa para que, al leer su poesía, te deslices por ella suavemente hasta llegar al final, sin darte cuenta, haciendo normal la profundidad de lo que expresa en cada verso. Y ese ritmo es el que posibilita en el lector una sugerencia imaginativa inagotable. Podríamos decir, recordando a Tagore, que su «poesía es el eco de la melodía del universo en el corazón de los humanos», de todos nosotros que le leemos y le escuchamos, «un océano infinito / es el fondo de un amor». Su poesía nos hace rememorar, recordar, nuestra memoria, la de cada uno en particular que es, en esencia, la de todo ser humano, si humano es.

En la poesía de este libro vais a encontrar un acercamiento a lo más central del ser humano, a lo absoluto y a lo cotidiano, a través de un simbolismo magistralmente utilizado por el autor. Su poesía rebosa la sabiduría que se acumula a través de los años, de la experiencia, de una vida vivida y no solo gastada sin sentido y que ha llegado a la conclusión de «que solo la memoria / sabe escribir poemas».

Óscar maneja perfectamente la técnica, es un voluntarista nato y neto, pero eso no impide que su poesía tenga alma, música, ritmo y por eso nos persuade para imaginar libremente lo que nos sugiere. Quizá no es lo que el autor quiere expresar o compartir, pero ese ritmo hace que la poesía no sea una narración que informa de lo que el autor siente o piensa, sino una persuasión para que cada lector pueda llegar a su más íntimo ser a través de los más cotidianos estímulos: la palabra escrita y la experiencia vivida. Y es lo que hace Óscar, despertar en nosotros ese mundo maravilloso que no hubiéramos conocido sin su poesía. Leer a Óscar nos hace vivir más conscientemente nuestra vida, nos hace volver a nuestra historia para gozar de la melodía de la memoria, para vivir más plenamente nuestro presente y saber, que, pese a todo, el futuro incierto tendrá sentido si lo miramos desde el amor y su poesía.

Epifanio Quirós Tejado.

Alcázar de San Juan a 7 de agosto de 2024.

Sobre esta obra

La publicación de este poemario, *Melodías de la memoria*, es un empeño por recuperar las formas clásicas de la métrica castellana y profundizar en el valor «musical» de la poesía en esta lengua, algo que quizá está en desuso en el panorama literario actual.

Se estructura imitando una recopilación musical, cincuenta poemas, cuyo tema es la memoria de las experiencias vividas por el autor, universalmente compartibles, desde la perspectiva del recuerdo y el olvido.

Abre con un *Preludio*, en dos poemas, que proponen una tesis sobre el valor musical de la métrica y la rima clásicas castellanas.

La composición central, *Canciones y melodías*, recoge treinta y tres poemas, estampas de la memoria donde abundan las imágenes plásticas, la descripción de recuerdos en su intensidad emocional o sentimental y algunos con cierta concesión a la melancolía.

Siguen tres grupos que, por específicos en su forma o tema, tienen ordenación particular: *Coplas*, dos ejemplos de canción tradicional y popular al estilo del romance «lorquiano».

Sonatas son dos composiciones, *Postales* y *Retratos*, que describen escenas y personas agrupadas en cuatro «movimientos».

Sonatinas, con semejante motivo estructural pero con solo dos «movimientos», hablan de dos objetos contrapuestos en la memoria, la guerra y el amor. *Guerra y Paz* y *Compromiso* son sus títulos.

Finaliza el poemario con una *Coda* que repite tres estrofas, una de ellas a modo de estribillo, que se obtienen de *Tu sonrisa*, *Brillo de luna* y *Débitos*.

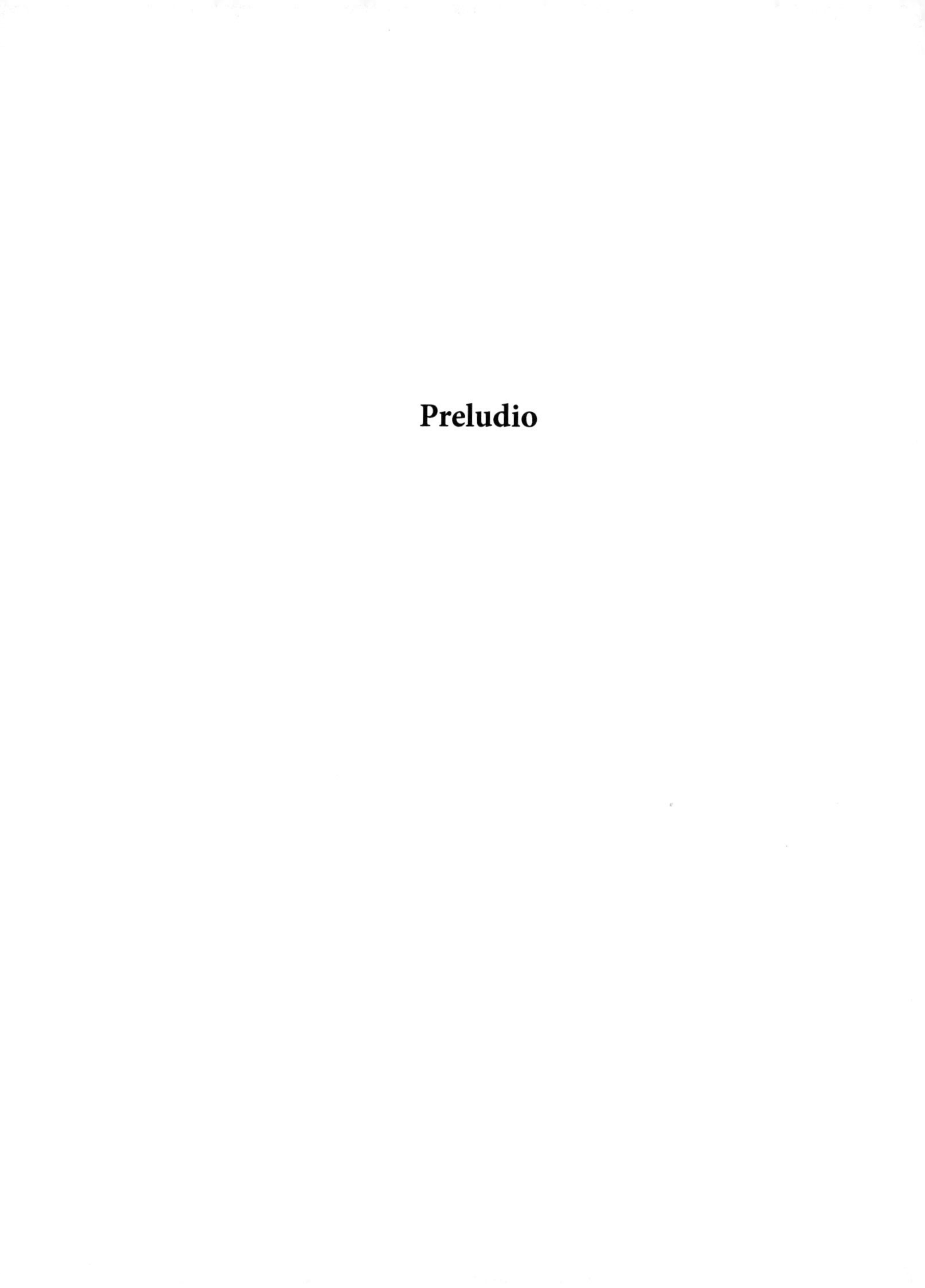

Preludio

I

Los recuerdos, la memoria
son distintas melodías
de una misma sinfonía
que componen nuestra historia.

Cada acento es una nota
para acomodar un verso
que forme acordes diversos
en una canción ignota.

La métrica cuenta días,
sílabas que son el tiempo
en su correr como el viento
para completar la rima.

Asonancia de lo incierto,
ritmo de un arte menor
redondillas que no son.
Vida rimada en un cuento.

II

Todo poema guarda su recuerdo
escondido en las figuras retóricas.
A base de imágenes alegóricas
cantaban los poetas con sus versos.

Escribir siempre requiere memoria.
La poesía trata del ayer
porque el futuro no tendría ser
sin él y lo que pueda haber ahora.

Mide la métrica de lo que importa
lo que no se olvida y habrá que contar.
De mí habla la medida del compás
y cada acento contará tu historia.

Para ti que bien sabes lo que cuenta
ahí van los retazos de recuerdos,
melodías que quedan en silencio
esperando sonar tras tu tormenta.

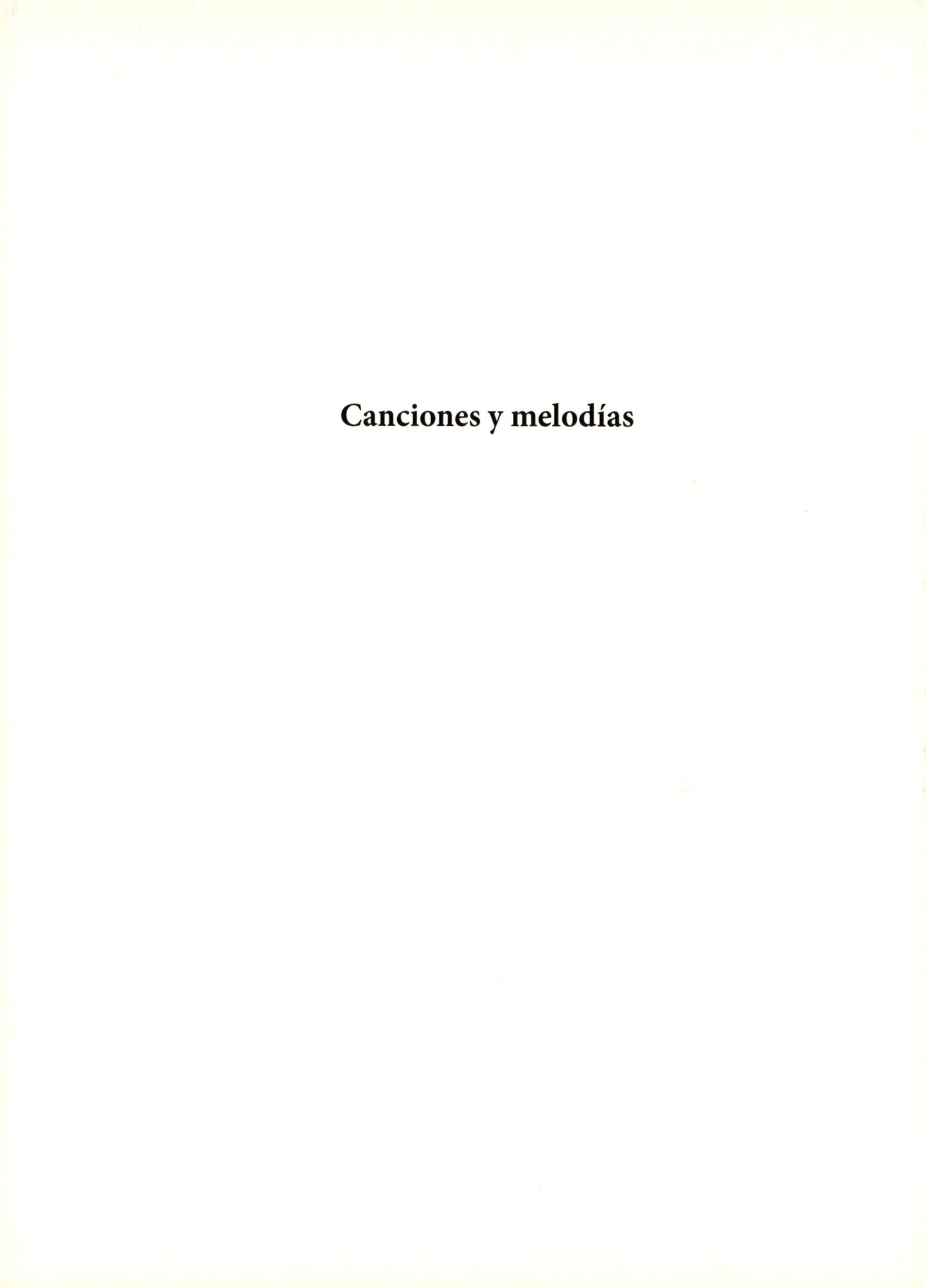

Canciones y melodías

Recuerdo

En cada azul traspasado de fuego
se encoge la penúltima esperanza,
nos alcanza la luz de su recuerdo
hasta llegar la nueva madrugada.

Cubren grises los últimos fulgores
antes que el nocturno vista la luna,
regalada de perlas sin colores
brillo que inunda la hora más oscura.

Entre los lindes del duro cemento
viaja el dolor montado en una duda
cruza caminos de luces al viento.

No quiere llegar porque pide ayuda
inútil ya cuando el final es cierto
para quien no es capaz de oír o no escucha.

Luz de febrero

Aquella luz de febrero
que anunciaba primavera
trajo azul intenso al cielo
brilla el sol en las veredas.
Aprovecha todo el tiempo
o lamentarás con pena
al volver mañana el viento
que el buen día se perdiera.

Perfecta luz de febrero
que ilumina su mirada
pinta dorados reflejos
en esa sonrisa blanca.
No dejemos que los miedos
a las nubes de mañana
oscurezcan los anhelos
de su joven esperanza.

Mayo insoportable

Cada mayo insoportable
luce un sol de primavera
gris que no ilumina nada,
mayos todos de tormenta.
Las flores de abril marchitas
lágrimas caídas lentas
que las mal-dejaron huérfanas
sin fruto posible, muertas.
Recibirá yerma junio
fértil ayer, hoy desierta,
jirones de su esperanza
donde no crece más hierba.

Cada mayo insoportable
hace más grave la herencia
cada flor de abril perdida
otra duda en la creencia.
¿Cómo regar tierra baldía?
¿Qué surco podrá abrir reja?
En junio ya no hay remedio
salvo descansar la tierra.
Tierra propia malherida
castigada y muy sedienta.
Encontré en tu amor abono
de una fertilidad nueva.

Brillo de luna

Brillo de luna en su pelo.
Color de cielo invadido
de estrellas que son de fuego
en sus ojos encendidos.

Suave luz de terciopelo
que a su paso se ha rendido
y ha dejado caer el velo
mostrándome su camino.

Leve roce de su cuerpo
me despertó sorprendido
sin apenas más esfuerzo
ya no tuve otro destino.

Aroma de oasis nuevo
que me roba los sentidos,
oculto rosal secreto
memoria de su cariño.

Sangra el alba

Sangra el alba rota por no encontrarte
tras el oscuro telón de la noche.

Se esconde la luz del sol entre lágrimas
mojando el verde que grita tu nombre.

Se oye el sordo crepitar de las ramas
rumor de hojas caídas en el bosque
la queja del arroyo renacido.
Todos susurran viejas oraciones.

Otra vez sin tu voz la madrugada
el otoño en un mayo lleno de ocres.
Absurdo calendario que no entiende
de estos pesares ni de sus dolores.

La lluvia que nos falta

Si desde el cielo rindieran las cuentas
y el lamento de la agostada tierra
recibiera su pago de la deuda.

Si los antiguos álamos sedientos
volvieran a besar la vieja orilla
del eterno arroyo hoy ya sin aliento.

Si los huérfanos campos de trigales
recuperaran granados estíos
tras los abriles llenos de humedades.

Si del último pétalo caído
nacieran otros tibios chaparrones
que desde hace tiempo son solo olvido.

Hoy como ayer volverían amables
cielos, álamos, flores de la infancia,
las blancas canciones de cada tarde.

Memoria de sonrisas, añorada
paz nacida de su vital entrega,
amor como la lluvia que nos falta.

11M

Un día de marzo azul y dorado
se cubrió de humo, de silencio y fuego,
de apagados lamentos sin un luego
y llantos sordos que piden cuidado.

La sangre mancha el hierro derrengado.
El dolor encontró triste sosiego
deudor de un albedrío vil y ciego
que sembró muerte en un tren desgraciado.

Hasta cuatro veces se repitieron
los siniestros y macabros rituales.
Cuándo olvidaremos lo que no vieron

nuestros abatidos ojos pluviales
de tanta lágrima desconsolada
y vidas truncadas por estos males.

13/12/94

Noches de satén azul
y ascensores sin pudor
copas al borde del agua
sueños a todo color.
Dorados marcos encuadran
escenas fuera de guion
tropicales escenarios
con fuentes de miel y ron.
Varios días de suspenso
sin contar tiempo o control.
Reflejos en el espejo
por el que nada una flor
y las ondas trasladan
tiernos sueños sin rubor.
Un océano infinito
es el fondo de un amor.
Una montaña que es fuego
pone nieve de primor
en la mirada más cándida
de todo primer ardor.
Bosques con miles de verdes
que no dejan ver el sol
donde esconden los amantes
el querer del corazón.

Melodía de silencio

Todas las noches aciagas
tañen melodía incierta.
Silencio gritan los versos
entre notas de tristeza.
Y al llegar la madrugada
más silencio sin respuesta.
Suenan ritmos de elegía
que ni ayudan ni serenan.
Más días vendrán vacíos
silencio de notas viejas,
música que nadie escucha,
acordes cubrió la tierra.
Silencio para preguntas
que al caer la tarde esperan
unas canciones que alivien
tantas esperanzas muertas.
Y una vez pasado el duelo
siguen sin servir las cuentas.
Nos quedarán los silencios
bálsamo entre las tormentas.

Débitos

Por la luz de tus ojos
bebo los vientos,
de tu mirada
nace el recuerdo.

Del amor callado
saben los cielos,
de tus entregas
mis silencios.

Del ánimo templado
conocen cientos,
de tu carácter
mi consuelo.

Memoria inalcanzable
débitos tengo,
de mí para ti,
amor y versos.

Sin previo aviso

Y un día sin previo aviso
nos dominó la costumbre
de soportar las ausencias
y los recuerdos que huyen.

Sin previo aviso
nos venció la indiferencia.

Olvidamos el timbre de su voz
y luego pasamos a echar de menos
a quien antes teníamos presente
sin dejar vacío un solo momento.

Sin previo aviso
se nos quedó casi todo pendiente.

Y caemos en la cuenta
que el mundo no se detiene.
Debemos hacer memoria
y que su rostro se muestre.

Sin previo aviso
ahora ya todo es historia.

No necesitaba aquellos retratos
que solo sirven a lo insoportable.

Hoy, para repetir lo mismo, quiero
uno o dos recuerdos que no se escapen.

Sin previo aviso
nos quedamos solos sin ti, sin tiempo.

El brindis

Cuando sueño con ellos y su ausencia
caigo en la mía y un grito sordo ruega
que quiero creer, aunque yo no pueda
mantener la fe con mis solas fuerzas.

Comprendo sus lágrimas, cada brindis,
barruntando que quizá será el último,
unido al convencimiento más íntimo
de un cielo cargado de nubes grises.

¿Estarás tú conmigo en mi postrero?
¿Quién sostendrá mi copa temblorosa?
Quiero creer que estarás como ahora
amorosamente afrontando el reto.

Amaré su recuerdo,
confiaré en su esperanza
y brindaré con él
cuando aún quede templanza
torpe para mantener
firme el pulso que no quiere
la definitiva calma.

El regalo

Tras muchos intentos previos
aquella tarde en verano
de amigos, risas y afectos
se hizo noche de regalos.
Encontramos entre luces
un recóndito mercado,
para apagar sed y penas
nos permitimos descanso.
Hora en que ya no quedaban
corredores en sus carros
localizamos el cobijo
por un camino hoy olvidado.
No fue la yesca moderna
el verdadero regalo
junto al claro de la luna
sí lo fue el beso más largo.
Un beso que fue promesa
cumplida todos los años.
Nunca encontraré la forma
de pagar aquel milagro.

Otoño de esperanza

El otoño gris cansado
repartía hojas al viento
sin sentido aparente,
memoria de otro tiempo.
Octubre de oscura sombra
y triste color incierto
que lloraba generoso
sobre los campos sedientos.
Esa bruma de noviembre
oculta el azul del cielo
y nos cubre de rocío,
escarcha que es de hielo.
Al fin nos trajo futuro
diciembre de sol sincero,
entregado, luminoso,
dos vidas y un solo acento.
Ese otoño de esperanza
trajo otros inviernos nuevos,
nuevas blancas primaveras,
veranos de amor eterno.

Tu sonrisa

Si no veo tu sonrisa,
¿qué importa el color del cielo?
Si tu mirada es un velo,
¿quién puede ser optimista?

Cuando las nubes eran de tormenta
tú ponías primavera
solo existía belleza
aunque nos rodeara la violencia.

Si volvemos a las calles
que nos vieron pasar todos los días,
¿regresarán proyectos y alegrías
o nada será como antes?

Cuando los meses se vestían de viajes
no quería pasar el tiempo.
Podíamos hacer del silencio
el más bello de todos los paisajes.

No faltará tu sonrisa
ni habrá velo en tu mirada
dejaremos todo en nada
empujados por tu brisa.

Sequía

Yermos quedaron los campos.
Nuestra sequía
ahogó vida
que amamos.

De cada tarde soñada
quedó un recuerdo,
de los proyectos
la nada.

De cada beso querido
un poso amargo
y por negarlo
herido.

De la expresión de cariño
áspero aroma
deja y comporta
hastío.

¡Qué pérfida es la memoria!
Guarda si lloras
y nunca ignora
lo que odias.

Esta pertinaz sequía
agostó afectos
y borró sueños
de vida.

Tu amistad sincera

No se miden los afectos en tiempo
ni nos sirven cuentas para tasarlos.
No se ordenan los afectos en grados
ni son moneda para pagar débitos.

Los afectos los mantengo si quiero
aunque casi ninguno fue buscado.
¿Buscaste mi afecto aquel mes de mayo?
¡Qué más da! Tu querer es lo que siento.

El afecto solo se queda corto,
nada será sin la constante entrega.
Torna en amor el querer de este modo.

No encuentro otra forma, otra manera,
de llamar a este afecto generoso,
amor, gracia de tu amistad sincera.

Tus versos

Cetrino áspero de encina.
Luz dorada en la dehesa.
A las lluvias de este otoño
próxima berrea espera.
Y entre las jaras memoria
del tiempo que fue y se aleja.
Entre todas las historias
siempre fue la verdadera
la que a la mujer invita
a recordarse en su ciencia.
Estos últimos doce años
creen haber dado pruebas
de que todo lo que pidas
se convierte en nueva deuda.
Vista la velada duda,
no tener otro poema,
impidió que este romance
quedara oculto, sin vela.
Para que enciendas la de hoy
estos tus versos se entregan.

Tormenta generosa

La tormenta que no amaina
prolija en datos y letras.
Llovizna que nunca cesa
con mil detalles y enmiendas.
Y al tiempo el mejor resguardo,
el más seguro asidero.
Cuanta más galerna arrecia
brota su arte marinero.
Un águila siempre atenta
para quien nada se escapa.
Con quien mejor dejarías
tus asuntos, tus andanzas.
No hay amistad que cobre deudas.
No hay como su fiel entrega.
Si solo pago el sermón
no me importa tal tormenta.
Hoy tras ya casi doce años
gracias pago en estos versos
a quien puso a mi servicio
saber, experiencia y esfuerzo.

Mi deuda

De la línea azulada en tus ojos.
Del escondido color de tu pelo.
De tu repetido sureño empeño.
De la sonrisa perfilada en rojo.

De ese cielo de Madrid en otoño.
De sus tardes sin medida ni tiempo.
De la primavera como en un lienzo
en ese brillo amable de tu rostro.

De ti me siguen hablando las calles,
de la animada charla en compañía.
Reflejos apagados de tu imagen.

Hoy como ayer deudor de tu alegría,
de tu amistad regalada en detalles,
no sé si estos versos lo pagarían.

Sin ti

La luna pierde su luz
si tu sonrisa me falta.
El cielo no será azul
si no tiene tu mirada.
Y no hallarán magnitud
para medir cuánto te aman
ellos en su finitud
ni yo cada mañana.

Lo que me importa eres tú
porque sin ti...,
sin ti no hay nada.

Navegan ciegos sin rumbo
porque ellos no te tienen.
Sin brújula en el mundo
sin tu norte van y vienen.
En cambio, yo tengo el lujo
del amor que me mueve
por su camino seguro
vivir como ella quiere.

Lo que me importa eres tú
porque sin ti...,
sin ti no hay nada.

No hay vida sin memoria

Tenía que vivir
y acumular fracasos.
Que pasaran los años
y tener qué decir.
Probar en mí la entrega,
su gracia generosa
que me enseñó amorosa
a apreciar la belleza.

No hay vida sin memoria
ni poema sin historia.

Con el correr del tiempo
ver pasar mil tormentas
y otras tantas certezas.
Saber de esto y de aquello
para poder contar
lo que valga la pena
y quizá mereciera
algún día cantar.

No hay vida sin memoria
ni poema sin historia.

Y al llegar la caída
de la tarde y mi tiempo
de despertar recuerdos
crece la rima fluida.
Que sin vida no hay tema
y sin tema no hay historia.
Que solo la memoria
sabe escribir poemas.

Luz de otros mares

Pago con estas letras el silencio
cautivo por olvido imperdonable
y redimir en tu sonrisa amable
con versos que nos sirvan de remedio.

Al propósito servirá el recuerdo
de tu llegada imponente, imborrable,
bronceada la mirada e insondable
supo comprender, sabia, mis desvelos.

Con el calor de tus virtudes llenas
la fría soledad de mis torpezas.

Luz de lejanos mares que serena
cuando otros insistiendo solicitan.
Regalo que con tu gracia morena
concede a mi alma lo que necesita.

Extrañaré tu ingeniosa manera
de corregir mis ásperas salidas.
Cumpliré con júbilo la promesa
de cuidar la amistad que tú me brindas.

Con el calor de tus virtudes llenas
la fría soledad de mis torpezas.

Tres soles

Cuando has tenido el sol entre tus brazos...
No una vez, por tres veces repetida.
Se instala un temor que ya no se olvida
a perder sus luces antes de plazo.

Con el pasar tiempo los torpes trazos
componen del comienzo de sus vidas
el libro que escribirán enseguida
borrando mis líneas de un plumazo.

La verdadera luz les ilumina
desde el inicio de sus andaduras
mis peores terrores se eliminan.

Tres enormes soles que a estas alturas
son los que me despejan la neblina
que al final cada vez es más oscura.

Tiempo olvidado

En el oscuro gris de la memoria,
pobre refugio de veladas sombras,
busqué tu vieja imagen poderosa
solo encontré jirones de mi historia.

En ese lugar donde lo pasado
queda oculto para que lo olvidemos
o lo que debimos guardar perdemos
consecuencia de un vivir descuidado.

El rincón que parece más lejano
será mi refugio cuando el recuerdo,
de mí, de ti, se escape antes de muerto,
y en lo sereno te encontraré ufano.

Desde la memoria recuperada
volverán aquellos atardeceres
para recorrer juntos tus saberes
hasta merecer la Gracia esperada.

Amantes

Extendió sonrisas sobre mi cuerpo
para dejarse conocer del todo
prendido de la duda de sus ojos
arropado de promesas y sueños.

Acariciado por el gris silencio
y la mirada cómplice que cabe
de quien callaba más por lo que sabe
que por lo que ignora y quizá creemos.

Tras todos estos años a cubierto,
avisados por lo que nunca fuimos,
sin dejarnos dominar por los ruidos
y a salvo de mis escasos aciertos

quedaron cumplidos nuestros deseos,
las misiones que nos encomendaron.
Cubiertos de sonrisas descansaron
nuestros cuerpos sedientos de recreo.

Romance de año nuevo

Contamos años pasados
y ponemos esperanza
en los días venideros
solo porque aún son nada.
Cada última hora del previo
mientras suenan campanadas
nos abrazamos, besamos
mientras miran los que faltan.
Miradas que ya no vemos
sí con los ojos del alma.
Sumergidos en la fiesta
y tras nueva madrugada
vuelve inevitable el tiempo
a mostrar que nada cambia.
¿Volveremos sin sentido
a malgastar las jornadas?
La esperanza verdadera
está en su limpia mirada
en su entrega sin medida
misma vida enamorada.
No existe mejor propósito
que amor con amor se paga.
Este año, el que viene y todos
cuidar tan divina gracia.

Ellos nos dejan solos

Parece que la tierra se ha empeñado
en llenarse de miradas sin brillo,
de labios que ya no besará nadie
tapando la vida con piedra y olvido.
Se han empeñado todos en dejarnos
sin más consuelo que el negro sonido
de las paladas sobre las coronas
de inapropiados colores floridos.
Ellos nos dejan solos, sin amparo,
uno tras otro en un macabro rito,
orfandando nuestra común historia.
Actores que traicionan su destino
sin esperar al final de nuestra obra.
Nos dejan aquí avisando del sino,
el de todos, al que llegaron antes,
dejándonos solos como vinimos.

Orgulloso

Os veo entre las palomas
resonando los acordes,
entre paredes y aplausos
luego él nos mira y se esconde.
Os imagino entre trenes
sin un porqué ni un adónde,
libres cuando era posible,
muy jóvenes y algo torpes.
Te veo hoy exitoso artista
sobre todos los soportes.
Orgulloso, también él,
de tu música entre montes.
Te doy una canción tardía
un ojalá que la adorne
y con un rabo de nube
completar un lazo enorme.
Lamento el tiempo perdido.
Querrás perdonar entonces
mis silencios, mis ausencias,
y que este romance aporte
pago bastante a la deuda,
cura de nuestros dolores.

Mi baúl

Entre las aristas de mis errores
dibujé cuatro lados paralelos
para encerrarlos y pasados duelos
no aviven y recuerden mis dolores.

Con unas viejas cuerdas de colores
amarré fuerte los malos desvelos
para evitar que alcanzaran los cielos
y vivir confiado sin más temores.

En un rincón de mi larga memoria
borró las sombras con su tenue luz.
Su clara mirada tejió mi historia

camino cierto bajo un cielo azul.
Lo recorrí con más pena que gloria
y, no sé cómo, se vació el baúl.

Toda la vida

Deshojando los minutos que restan
para volver a escapar de la nada
te descubrí con tu limpia sonrisa
para que no volviera a echarme en falta.
Asomado al borde de un vaso eterno
preso de antiguas dudas olvidadas
me rescató el deseo de tus besos
y esperar un sí junto a tu ventana.

Quién iba a imaginar que ese regalo
contuviera tanta entrega encerrada.
Toda la vida unida a mi camino.
Toda la vida para compensarla.
Entre sus recodos, entre sus cuestas,
siempre brilló certera tu mirada,
aclarando las sombras de la duda
aprendiendo de errores y de faltas.

Hasta hoy seguimos contando los años,
las alegrías y penas pasadas,
sin encontrar yo el adecuado modo
de pagarte el regalo de tu gracia.
Quiera el Cielo concedernos el tiempo,
a mí el valor necesario y las ganas,
para encontrar la perfecta manera
de corresponder con amor tu llama.

Mendigo de tu amor

En este ir y venir del viento
que se empeña en llevar y traer
sin modo alguno de entenderlo.
En su constante subir y caer,
torbellino de sentimientos,
no sé cómo poner razón ni ser
para cumplir con mis desvelos.

Rompe la mar contra mis muros
una ola tras otra de recuerdos.
Se ahogan mis deseos en lo oscuro
y no me queda casi tiempo
para cumplir con todos ellos.
Miedo poderoso y profundo
a que todo termine en cero.

Soy mendigo de tu amor firme
como el más fuerte de los vientos.
Pobre criatura que ruega, pide
gracia en el último momento.
Quiero creer, pura voluntad libre,
que todo miedo quedará resuelto
en el crisol de tu amor invencible.

Tiempo

Con el correr de los atardeceres
entre los escondites del olvido
he coleccionado pocos quereres
y mucho propósito no cumplido.

Con el pasar del trasnochador tiempo
hasta alcanzar nuevos amaneceres
he soñado con perdidos afectos
que no podían resolver deberes.

Con el madurar de mis juventudes
aprendí cómo escapar del abismo
a olvidar las mil jornadas gandules
y poner atención al buen sentido.

Con el brillar de sus luces serenas
sobre mis últimas perdidas horas
se rompieron las antiguas cadenas
que me sujetaban a viejas sombras.

Con el bajar abrupto del torrente
se limpia de malezas mi ladera
apagando la sed del valle ardiente
y se llena de color mi pradera.

Con el sentir de tu graciosa entrega
he cogido el buen vicio de tus labios
todos los meses son de primavera
gracias a tus mismas luces de antaño.

COPLAS

Esclavo de tu hermosura

Sopla de noche en diciembre
recién *asomá* la luna
el viento por *soleá*
quebrado por una duda.
¿Una rama de romero
me dará buena ventura?
¿Vivir así para siempre
esclavo de tu hermosura?
El rumor del agua dice
que su fluir es la tortura
de morir eternamente
sin tener casa ninguna.
Las estrellas iluminan,
trémulas, siempre nocturnas,
los acordes melancólicos
de una guitarra desnuda.
¿Habrá notas que al compás
nos traigan mejor fortuna?
¿Melodía sin final
esclava de tu hermosura?

Entre sombras de la noche
se esconde la más oscura,
fiera que todos conocen
como meta más segura.
Quiero ser viento que canta,
río que no muere nunca,
estrella que luce eterna.
Esclavo de tu hermosura.

Caminito de la vega

Dorados velos dibujan
trazos de luces tempranas
despiertan los romerales
cuajados de fina escarcha.

Caminito de la vega
verde de tomillo y jara.
Caminito de la vega
regado de azul y plata.

Una voz de terciopelo
canta coplas de mañana.
Historias de viejas cuentas
tristemente mal saldadas:

De un payo que pretendía
a una chiquilla gitana.
A ti también te pretenden,
no te asustes, ya no pasa.

Caminito de la vega
verde de tomillo y jara.
Caminito de la vega
regado de azul y plata.

En un recodo escondido
ha crecido la lavanda
para que la brisa lleve
alegría a tu ventana.

SONATAS

Postales

I

De ese lugar donde crecen las flores
y viene a depositarse el rocío,
donde los dorados del nuevo estío
redescubren inéditos colores.

Allí donde se curan los dolores
y encuentra su reposo el correntío,
espejo de amor oculto en lo umbrío,
belleza que remedia los errores.

En el pequeño bosque de aligustre
que rodea al granito, los rosales
guardan la mesa grande y siempre verde

donde leía incansable el ilustre
asiento de saberes doctorales
los que gana la edad y el tiempo pierde.

II

Mirada verde de agreste silueta.
Serpentea el silencio en la ladera
desde el crepitar sordo de la hoguera.
Descanso que los dolores aquieta.

El robledal como en una maqueta
tapizaba la antigua carretera.
Tras él nada quedó de lo que fuera.
El logos infernal cobró su dieta.

Los luceros inmóviles brillantes
forman mitologías en lo oscuro.
Cruzan incandescentes sin control

algunos, por última vez, distantes,
ante sus ojos, casi sin futuro,
absortos a la espera de otro sol.

III

Postal de tomillo y jara
a orillas del poco Tajo,
entre la villa romana
y el melonero trabajo.
Campo de infantiles juegos
mientras los muros alzados
agotaron los esfuerzos
de sus mayores cansados.
El nuevo hogar imponente
se alza frente a lo incendiado
todo arde sin más remedio
hasta que llegó el milagro.
Responsable de los fuegos
creyó morir asediado.
En nada quedó la historia,
los olivos se salvaron.
Nada volvió a ser igual,
finca y la ilusión quemados.

IV

Inmenso gris una tarde de agosto
arropado por oscuras fachadas.
Cantábrico de olas poderosas
constructor de inmensas arcadas
y escondidos rincones
sobre la arena de la playa.
Se oculta el rey entre los montes
verdes de meigas y arboladas,
pone una corona de arcoíris
como broche final de la jornada.
Cañones abiertos a golpe de mareas.
Cuevas de negras entradas.
Todo un prodigio de arquitectura,
milenios de lenta obra delicada.
Cantábrico que es lucense
desde el Sor hasta el Eo y baña,
nutre, alimenta y construye
el extremo norte de España.

Retratos

I

Telones blancos se tornaron grises.
Olvidó el sol salir a su escenario
y pintar de azul un cielo precario
con las nubes propias de otros países.

Desde el portal pétreo cantan bises
el coro y su solista milenario
para recibir ufana, al contrario,
fiel para lo que tú, Señor, precises.

La fiesta de allá quedó acá en tristeza.
Aquí quedaron huérfanos perdidos,
huérfanos de su entrega y su belleza.

Días vendrán de pasos confundidos
hasta que la memoria muestre ejemplo
que debería guardarse en un templo.

II

Blancos muros desolados
le reciben entre lágrimas,
caricias, besos de mármol
sobre su piel nacarada.
Susurros que balbucean
palabras innecesarias
a los incrédulos vástagos
que no entienden casi nada.
Rueda aséptico en el lecho
por las baldosas macabras
en la final despedida
sin consuelo ni mañana.
Rodeado de lamentos
entregado a las entrañas
suena el grito descarnado
de una pasión desgarrada.
Tras la pesada cortina
que sellará la morada
quedarán para otro mundo
las humanas esperanzas.
La canícula de mayo
quema llantos y guirnaldas
hasta quedar solo el viento,
y el rumor de la hojarasca.

III

Tres estrellas en el cielo
no brillan lo que ellos valen.
Tres fuegos arden despacio
nada que ver con cómo arden
ellos solo con crecer
año tras año. ¡Qué grandes!
Volando sobre lo blanco
le vimos realizarse.
El color se muestra en orden
pulcro en su metódico arte.
¡Qué distinto el tres si hay dos!
Gracia que sabe expresarse.
Sentido común pintado
con algoritmos en clave
deportivamente exacta.
Sorprenderá aquella imagen,
pincel, número y balón
en aquel pupitre, amables.

IV

En ocasiones acudo
al ya lejano recuerdo
del corte de pelo oscuro
no sé si quizá bohemio
o de parisina moda
elegantemente suelto.
Enmarcaba una sonrisa
que no ha marchitado el tiempo
y que sigue acompañada
de irónico entendimiento.
Una tarde, no sé bien,
¡qué más dará marzo o enero!,
plan al que me vi obligado
y por ti a un amable encuentro.
Acudo a él de vez en cuando,
un regreso a aquellos tiempos
que nos vieron tal como éramos
abriendo un camino nuevo.
Para mí fuiste un regalo:
conocerte un privilegio.

SONATINAS

Guerra y paz

I

Desde la última vez que pintó el hierro
el horizonte de fuegos mortales,
todo es igual que ayer tras los cristales
unos y otros señalando destierro.

Gigantes muertos llenan el entierro
y podan las flores de los rosales
para usar espinas como puñales
en los mal condenados al encierro.

Contarán los abuelos a sus nietos
con la esperanza de que su memoria
evite repetir la misma historia,

las guerras, sus horrores y los guetos.
La imagen de otro mundo sin escombro,
repleto de luz, objeto de asombro.

II

Blanca de amor impoluta
síntesis de los colores.
Blanca pura y azul de cielo
limpia todos los temores.
Blanca traslúcida seda
muestra mucho más que esconde.
Blanca paloma que vuela
libre entre los corazones.
Entre los grises del mundo,
con la luz de sus amores,
brillan sonrisas de niño
en los ajados balcones.
Sol que desde ese, su día,
entre nubes de dolores
limpia la mirada antigua
de los cenagados hombres.
Blanca voz que les susurra
melodía a los albores,
y cantan alados coros
cada mañana canciones.

Compromiso

I

Tanto brillaba su clara mirada
que no parecía el último mes.
Desde lo oscuro de la vieja entrada
el mismo pasillo, pero al revés.

Camina blanca, pura, inmaculada,
paso a paso hasta que somos los tres
bajo la luz, cumplir con la llamada,
todas las esperanzas a sus pies.

Al caer la tarde la ciudad cesa
su agitado correr enajenado,
Saludan los gigantes la sorpresa

al paso del carruaje gris perlado.
Cierra recuerdo la señal cumplida
de dos voluntades para una vida.

II

Sinfonía de colores
en una tarde de ensueño.
Azul el telón de fondo.
Blanco de luz el recuerdo.
Una fiesta de promesas
dorado el paso del tiempo.
Gris el color del camino.
El amor detiene el viento.
Rostros color de alegría.
Música que llega al cielo.
Castaños los decorados.
Rosada piel del deseo.
Un temor desconocido
señaló un último acento
y pospuso su final
al polícromo concierto.

Coda

No faltará tu sonrisa
ni habrá velo en tu mirada
dejaremos todo en nada
empujados por tu brisa.

Por la luz de tus ojos
bebo los vientos,
de tu mirada
nace el recuerdo.

Aroma de oasis nuevo
que me roba los sentidos,
oculto rosal secreto
memoria de su cariño.

Por la luz de tus ojos
bebo los vientos,
de tu mirada
nace el recuerdo.

Agradecimientos

Siguiendo la costumbre de anteriores libros, y en orden a la buena educación, el autor quiere agradecer la paciencia de su familia, compañera e hijos, que amablemente soportan ser el público primero que juzga estos versos.

A Epifanio, que ha tenido a bien repasar con su lectura, atenta y crítica, el libro, aceptando el encargo de prologarlo y, diligentemente, hacer con generosa atención estas labores. Además, sin su conversación, sin la discusión franca o sin la lectura de su poesía, no sabría el autor buscar quién es ni qué decir cuando escribe.

Ha querido el autor, y sabe que no lo ha conseguido a su completa satisfacción, encontrar la forma de imitar la musicalidad y el ritmo de la tradición poética castellana. Más aun, quería reproducir con la palabra la musicalidad del ritmo de las olas o del rumor de las hojas movidas por el viento para acompañar escenas de su memoria. Esto no son recursos retóricos, no son típicos, son verdades que expresan el lirismo de la naturaleza que todos hemos experimentado alguna vez, sintiéndonos en paz y libertad, sin otras preocupaciones, cuando nos hemos detenido a escuchar esa música ocupados en nuestros recuerdos.

Cree el autor que la poesía es uno de los últimos territorios de verdadera libertad que quedan a las gentes civilizadas y cultas en este mundo de perplejas contradicciones. Por esto, el principal y más debido agradecimiento es para usted, amable lector, que pudiendo ocupar su tiempo en cualquier otra provechosa actividad honra al torpe poeta con su lectura.

Índice

Este libro se terminó de editar en Granada
en septiembre de 2024 por

Aliarediciones

www.aliarediciones.es
info@aliarediciones.es